Hanns Dieter Hüsch
Am Niederrhein

Pflaumenkuchen
und schlaflose Nächte

Aus der Reihe
Beschreibungen: Deutschland
in Zusammenarbeit mit dem ZDF
mit 30 Fotos von Thomas Mayer
und einer Karte

Eulen Verlag

Für mich

Titelseite
Niederrheinlandschaft Bislicher Insel (großes Bild)
Eisenbahnbrücke Neuss–Düsseldorf–Hamm (kleines Bild)

Achte Auflage 1990
Alle Rechte vorbehalten – Printed in Germany
© 1984 EULEN VERLAG Harald Gläser, Freiburg i.Br., Wilhelmstraße 18
Gestaltung: Hans Neudecker
Reproduktion: rete Grafische Kunstanstalt Freiburg
Gesamtherstellung: Druckhaus Kaufmann, Lahr
ISBN 3-89102-202-6

Beschreibungen:
Deutschland
In Zusammenarbeit
mit dem ZDF

Die ZDF-Reihe „Beschrei-bungen" begann 1979 mit einem Film, in dem Thaddäus Troll die Schwäbische Alb vorstellte.

Unsere Idee war, Landschaften und Städte in Deutschland aus der ganz persönlichen Sicht von Menschen schildern zu lassen, die dort leben oder einmal gelebt haben, vielleicht aufgewachsen sind. Es sollten Menschen sein, die sich meist anders ausdrücken als mit den Mitteln des Films oder Fernsehens. Schriftsteller zum Beispiel. Oder überhaupt Künstler. An die zwanzig solcher „Beschreibungen" haben wir bisher im ZDF gesendet, weitere sollen folgen.

Diesmal also Hanns Dieter Hüsch, der Kabarettist, der seine große Gemeinde mit bitterer Kritik gegen Zustände erbost, aber auch mit skurrilem Witz zum Lachen bringt. Hüsch lebt seit fast vier Jahrzehnten in Mainz, aber seine Art von Humor stammt nicht von dort, er hat sie von zuhause mitgebracht: Aus Moers am Niederrhein, wo er geboren und aufgewachsen ist. „Alles, was ich bin, ist niederrheinisch", sagt Hüsch über Hüsch.

Sein Film ist eine poetische Reise in die Landschaft seiner Kindheit. Er beschreibt nicht „den" Niederrhein, sondern „seinen" Niederrhein, und deswegen ist dieses Buch zum Film auch kein Reiseführer zum Niederrhein, sondern ein kleines Kunstwerk über den Niederrhein.

Freilich kann sich der Leser von Hanns Dieter Hüsch an die Hand nehmen lassen, um diese Landschaft auf besondere Art zu erleben.

Dieter Zimmer

Alles was ich bin
ist niederrheinisch
All mein Fühlen und Denken
Reden und Singen
ist niederrheinisch
Meine Musik ist niederrheinisch
Der Niederrhein ist meine Musik
All meine Religiosität
ist niederrheinisch

Aber wenn Du mich fragst Warum
könnt ich als schwarzweiße Kuh
auf den Feldern um Kerken liegen
und die Aussage verweigern

Alle meine Fehler und Schwächen
sind niederrheinisch
Alle meine Vokabeln und Litaneien
sind niederrheinisch
Meine Philosophie ist niederrheinisch
Der Niederrhein ist meine Philosophie
All mein Sehen und Staunen mein Hören und Sterben
ist niederrheinisch

Aber wenn Du mich fragst nach Geschichte und Denkmälern
könnt ich als Weidenbaum
in den Rheinwiesen von Homberg stehen
und Dir keine Antwort geben

Denn all meine Fantasie
ist niederrheinisch
Verrate ich sie
ist alles dahin

Weide in der Rhein-
aue bei Neuss-
Grimlinghausen

Bislicher Insel
bei Xanten

Blick von
Duisburg-Baerl
über überflutete Wiesen
und Rhein auf die
August-Thyssen-Hütte
in Duisburg

Den Rhein an der Seite
suchte
mein Vater
die blaue Blume
Kapitän und Tenor
wollte er sein
wurde aber
Beamter
Hier spielte ich mit den Vettern
stieg über Schlackenberge
und glaubte
am Himalaya zu sein

Homberg
Die Welt meiner Großeltern
väterlicherseits
Das kleine warme Haus
das mehrmals unterging
wenn der Rhein über die Ufer stieg
über die Felder rollte
in die Häuser drang
und die Menschen auf den Dächern saßen
ergeben und arm
und wieder von vorne anfingen:
Wat willze machen

Rheinhochwasser
bei Stürzelberg

Die lange Straße
von Homberg nach Moers
über
Hochheide Scherpenberg
bin ich wohl tausendmal gefahren
Mit der klapprigen Straßenbahn
Mit dem Fahrrad
Wie eine Weltreise
Und immer war Kirmes
in
Homberg
Hochheide
und
Moers
Pflaumenkuchen und schlaflose Nächte

Kirmes in Duisburg-
Ruhrort

Hier aber
wuchs meine andere Seele
Hier
wuchs meine Mutter mit elf Geschwistern
aus diesem Wirtshaus heraus
in die Weltgeschichte hinein
und brachte mich unter Schmerzen
ans Licht
Hatte als Mädchen das Bier zu zapfen
und trank selber gern
den ersten berühmten Schluck

Kleiner Reichstag
heißt dieses Wirtshaus
Hier diskutierten die Moerser sich fast
zu Tode
labten sich aber auch
bis spät in die Nacht
Und da frag ich mich noch
woher ich das hab
das Trinken und Denken

Gastwirte Bauern Fuhrleute Tagelöhner
Preußische Sekretäre
Und meine Oma
mit schwarzem Kopftuch:
Da kömp ja mein Stümken
rief sie
wenn sie mich sah
Alle sind schuld
an meiner Unfähigkeit
Lebewesen zu hassen

Uerdingerstraße 21
Der Birnbaum im Hof
Die Kirschen im Garten
Die Pappeln im Wind
Das Haus mit dem Erker
Die Straße nach Schwafheim
Wer weiß wo die Menschen
von damals
jetzt sind

Hier
war ich alles
Schüler
Träumer
Rebell
und verlorener Sohn

Und mein Onkel
der Schneider
war mein Lehrer
und meine Tante
die Liese
mein Schutzengel

Moers, Uerdinger-
straße mit Blick
Richtung Krefeld

Mein Onkel
war ja auch Philosoph
und Pflanzenbeschreiber
und Fachmann
für feinste englische Stoffe
las Krimis und Abenteuerromane
Wallace und Löhndorff
An Himmelfahrt
machten wir eine Fahrradtour
und träumten höchst polyphon
von Himbeersaft Löwenzahn und Kartoffelsalat
Matthias Claudius Ave Maria
Shakespeare aus Thermosflasche und Henkelmann
Über giftgrüne Wiesen
Immer einem unsichtbaren Gesang auf der Spur
Endlose Trauermärsche in Dur

Und samstags
auf den Friedhof
Ich war der Wasserträger
Und harken durfte
ich
nach einem Fischgrätmuster
und wußte alle Wege

Da liegt die Tante von dem Onkel
Hier liegt die Tochter von dem Vater
Da liegt der Vater von dem Vetter
Dort liegt der Bruder von der Mutter
Hier liegt der Onkel von der Schwester

Kompost und Unkraut
Trauerarbeit
heute alles eingeebnet
damals Kinderübung
samstags vor dem Baden

Rheindeiche bei
Kaiserswerth

Samstags die Glocken
in meinen Ohren
Wie Weltmusik
hör ich sie heute noch
Die Glocken am Samstag
verfolgen mein Herz
durch alle Jahre
und machen mich milde

Weißbrot noch warm
Bad in der Küche
Linsensuppe bei Tante Anna
Sprudelwasser mit Himbeersaft

Die Straße gefegt
Dem Nachbarn die Hand gegeben
Zufrieden den Sonntag
erwartet

Samstags die Glocken
Wohl auch woanders
Aber am Niederrhein
klingen sie
metaphysisch

Vynen, Dorfkirche

Natürlich ist mir vieles heute fremd
Die Städte sind nicht mehr so klein
Die Menschen sind nicht mehr so leise
Im Krankenbett der alte Rhein

Ich sitze in Cafés herum
Und denke an Vergangenheiten
Ich zieh den Hut und grüße stumm
Die Träumer und die Todgeweihten

Der Rhein bei
Meerbusch, zwischen
Düsseldorf und
Duisburg; mit der
Kirche von Büderich
im Hintergrund

Bethanien:
Krankenhaus in Moers

Bethanien

Hinter den Milchglasscheiben
liegt der Operationssaal
sagte mein Vater
Hinter den Milchglasscheiben
damit die Ärzte nicht hinaus
und die Menschen nicht hineinsehen können
Da wußte ich
Hinter den Milchglasscheiben
geht es um Leben und Tod

Im Leihwagen des Landrats
neun Jahre alt
saß ich
aussichtslos
Die dunkle Allee entlang nach St. Tönis
fuhren wir ohne Umweg
weiter nach Süchteln
um meine niederrheinischen Füße
zu reparieren

Allee am Niederrhein

Krefeld und Düsseldorf
waren für mich Weltstädte
Heute noch habe ich Angst
vor großen Städten
In Krefeld und Düsseldorf
hab ich als Kind gedacht
müssen die Menschen
viel größer und schöner und feiner sein
Alles Kappes
In Krefeld und Düsseldorf
wird auch nur mit Wasser gekocht
wie in Berlin Hamburg und München
Alles Kappes
Aber als niederrheinisches Kind
mit dem flachen Land im Genick
der schwarzweißen Kuh im Kopf
meint man
da gehört man nicht hin
Alles Kappes
Umgekehrt ist es
Die große Welt gehört
nicht an den Niederrhein

Die Bergleute
hatten immer viele Kaninchen
und viele Kinder
Sie waren gescheite Leute
Ehrgeizig aber arm
In ihren Häuschen
ist mir oft warm
ums Herz geworden
Und nie hab ich verstanden
warum die Bürger
wenn sie von Meerbeck sprachen
die Nase rümpften
Gottseidank hat sich da
vieles geändert
Aber nicht alles

Industrie am Nieder-
rhein: Thyssen-Werk
in Duisburg

Düsseldorf:
Großstadt am Rhein

Sonntags fuhren wir oft nach Vluyn
nach de Vluyn
zu Verwandten
Die hatten ein großes Bauernhaus
und eine richtige Magd
mit einer heiseren Stimme
Bella hieß sie
Bella stand
wenn wir kamen
an der riesigen Wasserpumpe
und pumpte den ganzen Niederrhein blank

Wenn wir nach de Vluyn fuhren
waren wir leicht und frohgemut
Denn in de Vluyn
konnte man sein wie man wollte
und jeder sagte:
Nu lass de Jung mal

Und Johannes Lohbeck
Schiedsmann und Friedensstifter
hatte alles im Griff
Die Gedanken und die Gefühle

Und am Abend
fuhren alle glücklich nach Hause

Bauernhof
bei Kempen

Und wenn ich mich in der Arktis befände
oder am Nigerknie
Hier spielt meine Seele
die Weltmelodie

Morgennebel in der
„Düffel" bei Kleve

Einmal stieg ich als Bub
mit der Weihnachtsgans
in den falschen Zug

Stieg wieder aus
und lief mit der Gans
dem richtigen Zug hinterher

Schneegestöber
Nichts war zu sehen
Vier Tage vor Heiligabend

Und beinah hätt ich
wie Scott den Südpol zu spät erreicht
bin aber doch noch nach Haus gekommen

Heute denk ich oft
Wär ich mit meiner Gans
sitzengeblieben im falschen Zug

Säß ich vielleicht in San Franzisko
über Rheurdt Sevelen Geldern Straelen und Kleve
wär ich schon hingekommen

Mit der Eisenbahn
am Niederrhein

Heute will ich nach Orsoy gehen
um nachzusehen
ob die alten Tore noch stehen
und das Fährhaus am Rhein
Ich will heute denken an meine
frühen Jahre
als ich noch
über das alte Pflaster stolperte
Als ein Onkel von mir
Bürgermeister in Orsoy war
Protestantischer Tee und Speckpfannekuchen

Heute ist alles ganz anders
in Orsoy
ich habe dort nichts mehr
zu suchen

Der Mensch hier
ist oft abwesend
in sich verwickelt
behält er aber
alle Fäden in seinem dicken Kopf
Sagt nichts
und geht
Beim gehen denkt er
bis er anwesend

Winterstimmung
Duisburg-Baerl

Wasserpumpe
bei Xanten

Siegfried starb im Amphitheater
Die Pferde stellten die Bauern
Mein Kopf war ein Kind
Kindskopf
sagten die Erwachsenen
Ich aber war
Rüdiger von Bechlarn
in Birten

Ganz allein

Schenkenschanz

Wirf mir einen Namen zu
Und ich mach Dir eine Geschichte daraus
Als Kind war ich schon hinter Namen her
wie der Teufel hinter einem bösen Wind
Schenkenschanz
las ich
Schenkenschanz
Das muß ein Platz voller Narren sein
Dacht ich als Kind
Denk ich auch heute noch
Denn ich war nie dort

Morgennebel bei
Schenkenschanz

Frag mich doch
woher mein langes Denken kommt
Frag mich doch
warum ich keine Eile hab
Frag mich doch
woher mein leises Lächeln kommt
Frag mich doch
warum ich keine Zweifel hab

Sieh dich um
soweit du sehen kannst
Frag mich
wenn du dann noch fragen kannst

Diese Gegend nimmt mir alle Endlichkeit
macht mich frei und läßt mir Zeit
alle großen Argumente zu ertragen
und zu jedem freundlich Guten Tag zu sagen

Niederrheinlandschaft
bei Rees

Voltaire
Der junge Fritz von Preußen
Da wär ich gern dabei gewesen
trafen sich zum erstenmal
in diesem Schloß
Moyland genannt
September 1740

Andererseits
Ich wär vielleicht enttäuscht
nach Haus gegangen
De dumme Jung muß überall
die Nas reinstecken
Hätte mein Vater gesagt
Drum hab ich die Geschichte
schnell vertagt

Schloß Moyland bei
Kalkar

Speckelaats
auf Schwarzbrot mit dick Butter
eß ich zu jeder Jahreszeit
Lateinisch Spekulatius
und Spekulatii
Das ist der venezianische Genetiv
Den gibt es nicht
Doch weils so schön ist
hab ich ihn erfunden
Und Spekulatio
Ablativus instrumentalis
Mit Hilfe des Speckelaats
Ohne cum
Aber mit Mandeln

Windmühle in
Büttgen bei Neuss

Moses in der Mühle
Kätchen schon im Himmel
Rübenkrautgefühle
Stall mit Apfelschimmel

In den Abendfarben
sitzen wir und schweigen
Keiner will sein müdes Herz
einem andren zeigen

Male Moses male
für Tisch und Bett und Stühle
Verena zieht die Kinder groß
mit Moses in der Mühle

Morgenstimmung bei
Düffelward

Der Niederrhein ist für mich
Erinnerung an Erinnerungen
Und nochmal Erinnerung
Wie eine Krankheit
erinnere ich mich

An den Schuster mit seinen ewig bügelnden Schwestern
An den Küster mit seinem alles besser wissenden Sohn
Und an den kleinen schmutzigen Laden
mit Lakritz und Studentenfutter
An den Notar mit seinem aufrechten Gang
An die Kleinbahn die über die Wiese beim Gaswerk fuhr
An den elitären Herrn Medizinalrat
und an die Schrödersche Fabrik in der manchmal
die Mädchen turnten
An die Konditorei in der nur die besseren Leute
verkehrten
gegenüber vom kleinen Marktplatz
auf dem im September die Schiffschaukel stand
Nicht weit von der Kneipe in der die Beamten
schnell zwischendurch ein kleines Bierchen
sich einverleibten
An den schmalen Dentisten der für ein Gehacktesbrötchen
Zähne entfernte
An den Friseur der alles noch mit der Hand schnitt
An die Orgelkonzerte sonntags um fünf
An die Butterfrau aus dem Nachbardorf
An den mutigen Pfarrer der direkt aus Amerika kam
An den Gelegenheitsfuhrmann der mal Briketts und mal
Rüben von Hülsdonk nach Friemersheim fuhr
An die Näherin mit dem kranken Kopf
An den Gemeindeinspektor der sich das Leben nahm
und an den dicken Holtmann der in der Tanzstunde
das Klavier bediente

Im Schloßpark gibts ein Theater
ein Café
und manchmal auch Jazz
Aber die Zwiebackschwäne auf und davon

Heut geh ich scheu die alten Wege
ruhe mich aus und wünsche
kein Mensch möge jetzt
mir begegnen

Nicht alle Wege führen nach Rom
Auch Xanten hat einen Dom
Augustus hats 15 vor Christus gegründet
Und Rom mit dem unteren Rhein verbündet
Xanten liegt heute immer noch da
Wie ehedem Roms castra vetera
Römisch rheinisch katholisch
Im Abendgrauen manchmal mongolisch

Niederrheinlandschaft
bei Xanten

Die Römer waren hier
Die Burgunder waren hier
Die Oranier waren hier
Die Spanier waren hier
Die Schweden waren hier
Die Lothringer waren hier
Die Österreicher waren hier
Die Franzosen waren hier
Die Preußen waren hier

Und ich war hier

Ich war in Venedig
und hab den Grand Canyon gesehen
Das Licht der Welt aber
sah ich am Niederrhein

Es wird mich lebenslänglich verfolgen
Es hat mein Gemüt erleuchtet
Und meinen Weg in die Städte
tröstend erhellt

Rheindeich bei Bislich
gegenüber Xanten

Der Himmel hängt tief
die Wiesen ertrinken
der Nebel spielt seine Niemandsmusik
Alle Erkenntnis wird auf den Kopf gestellt

Bauernschlau und naiv
seh ich mich über die Felder hinken
Der Nebel spielt seine Niemandsmusik
Alle Weisheit mich zum Narren hält

Die Kirchen stehn schief
Hänsel und Gretel winken
Der Nebel spielt seine Niemandsmusik
Ich bin am Ende der Welt

Heute
leb ich in Mainz
habe
den Rhein und den Dom
in der Tasche
bin alles auf einmal
Kapitän und Tenor
Prakesierer
und
Narr
älterer Herr
und
staunendes Kind
und
danke dem Herrn
für meine
Jugend am Niederrhein
Hallelujah
und
Tschüss zusammen.

Der Rhein
Blick von der Weseler
Brücke

Am Ende der Welt: der untere Niederrhein

Die niederrheinische Landschaft ist in ihrer Gesamtheit eine Tieflandebene, die von den Urstromtälern von Rhein und Maas geformt wurde. Geographisch wird zum mittleren und unteren deutschen Niederrhein gewöhnlich der Flußabschnitt von Düsseldorf/Neuss bis westlich von Emmerich gerechnet. Für denjenigen, der vom unteren Niederrhein stammt, grenzt sich das Gebiet ein: Mit Blickkontakt auf die Großstädte Düsseldorf und Krefeld, streckt sich der Horizont rheinabwärts auf eine Landschaft des Nebels, der bläulichen Schimmer über der weiten Ebene: flache Horizonte, weiße Wolken am unbegrenzten Himmel. Eine ungeheure Weite mit Wiesen und alten Rheinarmen, mit ausgedehnten Kieferheiden und Mischwäldern, mit einzelnen Bauernhöfen, aber auch mit Städten, die ihr historisches Antlitz zum großen Teil bewahrt haben.

Bedburg-Hau
13700 Einw.
Kr. Kleve

1969 durch Zusammenschluß von sechs Gemeinden entstanden. Römische Spuren, historische Siedlungen. In *Till Moyland:* Schloß Moyland (15. Jh., 17. Jh. verändert), nach Brand im Jahre 1956 im Tudorstil neu aufgebaut. 1740 erste hist. Begegnung zwischen Friedrich dem Großen und Voltaire.

Dinslaken
63000 Einw.
Kr. Wesel

1163 erstmals erwähnt (Burg), 1273 Stadt. Kath. Pfarrkirche St. Vinzentius (15. Jh.), nach Zerstörung 1951 neu gebaut. Kruzifix aus 14. Jh., Brüsseler Schnitzaltar (1490). Industriestadt.

Düsseldorf
614000 Einw.

Hauptstadt des Landes Nordrhein-Westfalen, Sitz des gleichnamigen Regierungsbezirks. Verwaltungs-, Verkehrs- und Wirtschaftsmetropole. Universität. Zwischen 1135 und 1159 erstmals erwähnt. 1288 von Graf Adolf von Berg zur Stadt erhoben. Zahlreiche Kunstdenkmäler: got. Kreuzherrenkirche (15. Jh., 1963 erneuert), ehem. Stiftskirche St. Lambertus, barocke ehem. Hof- und Jesuitenkirche St. Andreas (1622–29), barocke Kapelle des Theresienhospitals, Rathaus (1570–73, spätgot. Backsteinbau), Reiterstandbild des Jan Wellem, Schloßturm (Kern 13. Jh.), Hofgarten, Heine-Geburtshaus und -Monument, Königsallee.

Duisburg
550000 Einw.
kreisfreie Stadt

Bereits im 8. Jahrhundert fränkischer Königshof, später Königspfalz, 883 erstmals erwähnt, wichtige Reichsstadt zur Stauferzeit, ab der zweiten Hälfte des 19. Jahrhundert bedeutende Industriestadt mit dem Schwergewicht der Eisen- und Stahlproduktion, Universität. Rathaus und Salvatorkirche am Burgplatz, Dreigiebelhaus (16. Jh.) in Rathausnähe, Wilhelm-Lehmbruck-Museum (Kunst des 20. Jh.), Niederrheinisches Museum (mit dem kartographischen Werk Gerhard Mercators), Museum der deutschen Binnenschiffahrt, größter Binnenhafen der Welt.

Emmerich
29000 Einw.
Kr. Kleve

697 erstmals erwähnt, 1233 Stadt. 4 km vor der niederländischen Grenze. Ehem. Stiftskirche St. Martin (Krypta aus 11. Jh.) und Adelgundiskirche (15. Jh.). In *Elten* ehem. Stiftskirche St. Veit und Burg. Kosmetische, Textil-, Metall-, Holz-, Bekleidungs- und Nahrungsmittelindustrie.

Geldern
28600 Einw.
Kr. Kleve

750jährige ehem. Herzogstadt an der deutsch-niederländischen Grenze. Ausgedehnte Wald- und Heidegebiete, Erikakulturen und idyllische Torfkuhlen mit seltenen Vogelarten. Schloß Haag (14. Jh.) und Mühlenturm in Geldern, Schloß Walbeck, Haus Steprath, Kokerwindmühle und Bärenwindmühle in *Walbeck*. Fossa Eugeniana, alte Pfarrkirchen und Herrenhäuser. Spargelanbau.

Goch
29000 Einw.
Kr. Kleve

700 Jahre alte Stadt, im 11. Jh. erstmals erwähnt, Kath. Pfarrkirche St. Maria Magdalena, got. Augustiner-Backsteinkirche, Frauenhaus und Männerhaus, Steintor, Reste der alten Stadtbefestigung. Textil- und Lebensmittelindustrie.

Grefrath
14000 Einw.
Kr. Viersen

Gegründet 1177. Dorenburg (niederrheinisches Freilichtmuseum), Burgruine Uda, Pfarrkirche St. Laurentius. Textil- und Kunststoffindustrie.

Hamminkeln
21300 Einw.
Kr. Wesel

Großflächige Gemeinde mit Ortsteil *Marienthal*: ehem. Augustiner-Klosterkirche St. Maria Himmelfahrt (1345), heute Pfarrkirche. Südlich von *Brünen* im Haus Esselt Otto-Pankok-Museum. In *Ringenberg* Schloß (um 1660), heute Galerie und Künstleratelier.

Kalkar
11000 Einw.
Kr. Kleve

1230 Gründung durch Graf Derik V. von Kleve. Spätgot. Nikolaikirche (15. Jh.) mit Schnitzaltären (Kalkarer Schule), got. Rathaus und Marktplatz. In *Hanselaer* Dorfkirche St. Antonius Abbas (14./15. Jh.).

Kamp-Lintfort
38000 Einw.
Kr. Wesel

Entstand 1934 aus den Gemeinden Kamp (1123 erstmals erwähnt), Kamperbruch, Saalhoff, Hoerstgen, Rossenray und Lintfort (1636 erstmals erwähnt). Stadt 1950. Ehem. Zisterzienserkloster (1123–1802), barocke Klosterkirche (17. Jh.). Steinkohlenbergbau.

Kempen
31000 Einw.
Kr. Viersen

Um 900 als Mark Campunni erstmals erwähnt; 1294 Stadt. Romanische Peterskirche, Propsteikirche, ehem. Franziskanerkloster, Heilig-Geist-Kapelle. Kurkölnische Landesburg, Kuhtor, Mühlenturm. In *Tönisberg* Kastenbockwindmühle (1802).

Kerken
10800 Einw.
Kr. Kleve

Gegründet 1252 (Aldekerk). Pfarrkirche St. Dionysius Nieukerk (1421), Kirche des Franziskanerklosters Aldekerk (1465), Pfarrkirche St. Peter und Paul. Stendener Windmühle.

Kevelaer
23000 Einw.
Kr. Kleve

1300 erstmals erwähnt, seit 1641 Marienwallfahrtsort mit jährlich 620000 Besuchern. Erste Wallfahrtskirche von 1643–45 (Kerzenkapelle). Museum für niederrhein. Volkskunde und Kulturgeschichte.

Kleve
45000 Einw.
Kreisstadt

Stadt seit 1242. Schwanenburg, ehem. Stiftskirche, bedeutendster spätgot. Backsteinbau (14.–15. Jh.) am Niederrhein, Minoritenkirche, Museum Haus Koekkoek, Tiergarten von 1656. In *Schenkenschanz* Festung des Martin Schenk von Nideggen (1586). Neugotische ev. Kirche (1634). Nahrungsmittel-, metallverarbeitende und Schuhindustrie.

Kranenburg
8000 Einw.
Kr. Kleve

Gründung 1227 durch den Klever Grafen Derik VI. Stifts- und Wallfahrtskirche St. Peter und Paul, Stadtmauer mit Festungstürmchen, Museum Katharinenhof, in *Zyfflich* (gegründet 1021 durch Graf Balderich) Benediktinerklosterkirche St. Martin (um 1000).

Krefeld
230000 Einw.
kreisfreie Stadt

1105 erstmals erwähnt, 1373 Stadt. Seit Mitte 17 Jh. blühende Seidenindustrie. 1929 Eingemeindung von Uerdingen. Museen (u. a. Textilmuseum). Kurkölnische Landesburg Linn (Wasserburg, 12.–15. Jh.) mit Jagdschloß, klassizistisches Rathaus, Dionysiuskirche. Kaiser-Wilhelm-Museum, Museum Haus Lange. Stahlwerke, Maschinenfabriken, chem. und Textil-Industrie.

Moers
102000 Einw.
Kr. Wesel

Im 11. Jh. gegründet, 1300 Stadt. Altstadt mit Wallanlage und Gräben des 17. Jh. Schloß, Torturm, ev. Kirche (ehem. Karmelitenkloster), Steinkohlenbergbau, metallverarbeitende Industrie.

Mönchengladbach
258000 Einw.
kreisfreie Stadt

974 Gründung eines Benediktinerklosters, 1085 erstmals erwähnt, um 1365 Stadt, seit 16. Jh. Leinenverarbeitung, um 19. Jh. durch Baumwollindustrie Entwicklung zur Großstadt. Spätromanisches St.-Vitus-Münster, ehem. Benediktiner-Abteikirche mit got. Chor (12./13. Jh.). Rathaus (ehem. Abteigebäude). In *Neuwerk* ehem. Benediktinerinnenkloster (12. Jh.).

Nettetal
37000 Einw.
Kr. Viersen

1970 gegründet aus den Stadtteilen Breyell, Hinsbeck, Kaldenkirchen, Leuth und Lobberich. Naturpark, Stammenwindmühle, Schloß Krickenbeck, Burg Ingenhoven.

Neukirchen-Vluyn
24500 Einw.
Kr. Wesel

Gegründet 1928 durch Zusammenschluß von Neukirchen und Vluyn. Schloß Bloemersheim, Leyenburg, ev. Dorfkirche, Steinkohlenbergbau und Textil-Apparatebau.

Rees
17200 Einw.
Kr. Kleve

Stadtrecht von 1228. Burg Aspel, Franziskanerinnenkloster, Pegelturm, Mühlenturm, Rondell, Steinbastion am Rhein, kath. Pfarrkirche.

Rheinberg
27600 Einw.
Kr. Wesel

1232 Stadt. Kellnerei (1573), Zollturm, Spanischer Vallan, Pfarrkirche St. Peter, Annakapelle, Rathaus, Kamper Hof, Schloß Ossenberg, Windmühle Ossenberg. In *Orsoy* (Stadtrechte 1347) Kath. Pfarrkirche St. Nikolaus, ev. Kirche (15. Jh.), in *Budberg* Kirche mit Friedhof und Windmühle, Salzbergwerk.

Rheurdt
5800 Einw.
Kr. Kleve

Naherholungsort zwischen Kerken und Kamp-Lintfort.

Sonsbeck
6400 Einw.
Kr. Wesel

Gegründet um 1000 durch Klever Grafen. Pfarrkirche St. Maria Magdalena, Rundturm, Wallfahrtskapelle St. Gerebernus.

Straelen
12200 Einw.
Kr. Kleve

1064 erstmals erwähnt, 1428 Stadtrecht. Alte Pfarrkirche St. Peter und Paul, Haus Caen, Haus Coull, Kloster Zandt. Fossa Eugeniana. Blumen und Gemüseanbau.

Viersen
82000 Einw.
Kreisstadt

1182 erstmals erwähnt. 1970 mit *Dülken* und *Süchteln* vereinigt. Kath. Pfarrkirche St. Remigius, Wasserturm, Schultheißenhof, Pfarrkirche St. Clemens (1481) in *Süchteln*, Rathaus, Ringmauer und Gefangenenturm in *Dülken*. Textil-, Schuh-, Metall- und Maschinenindustrie.

Weeze
12500 Einw.
Kr. Kleve

Gegründet 855. Kath. Pfarrkirche St. Cyriakus, Schloß Hertefeld, Schloß Kalbeck, Laarer Bruch, Wasserschloß Wissen. Holzverarbeitung, Meßgeräte-, elektronisch-feinmechanische Industrie.

Wesel
61000 Einw.
Kreisstadt

Im 8. Jh. erstmals erwähnt, 1241 Stadtrecht, Festungsanlagen, ev. Willibrordikirche, St. Martini-Kirche, Friedenskirche, kath. Pfarrkirche St. Maria (14. Jh.), einige Wind- und Wassermühlen. Textil-, keramische und Glasindustrie.

Xanten
16000 Einw.
Kr. Wesel

15 v. Chr. durch Kaiser Augustus gegründet. Archäologischer Park mit Amphitheater, Colonia Ulpia Traiana, St.-Victors-Dom, Michaelstor mit Dionysius- und Michaelskapelle, Stadtmauer. In *Birten* römisches Amphitheater, Vetera Castra, Bislicher Insel (Naturschutz), Altrheinarm.

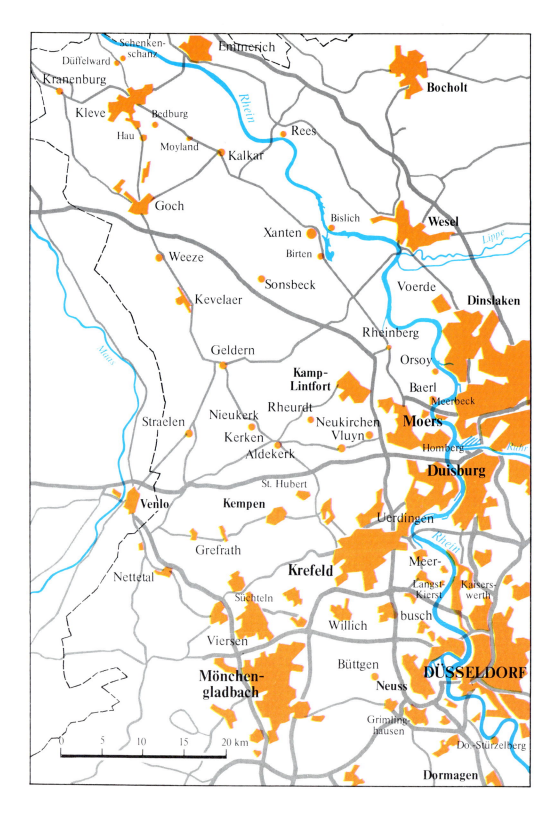

Schenken-schanz
Emmerich
Düffelward
Bocholt
Kranenburg
Rhein
Kleve
Bedburg
Hau
Moyland
Rees
Kalkar
Goch
Bislich
Wesel
Xanten
Lippe
Birten
Weeze
Voerde
Dinslaken
Sonsbeck
Kevelaer
Rheinberg
Geldern
Orsoy
Kamp-Lintfort
Baerl
Meerbeck
Rheurdt
Straelen
Nieukerk
Neukirchen
Vluyn
Moers
Kerken
Aldekerk
Homberg
Ruhr
St. Hubert
Duisburg
Venlo
Kempen
Uerdingen
Rhein
Grefrath
Meer-
Krefeld
Langst-Kierst
Kaisers-werth
Nettetal
Süchteln
busch
Willich
Viersen
Büttgen
DÜSSELDORF
Mönchen-gladbach
Neuss
Maas
Grimling-hausen
0   5   10   15   20 km
Do.-Stürzelberg
Dormagen